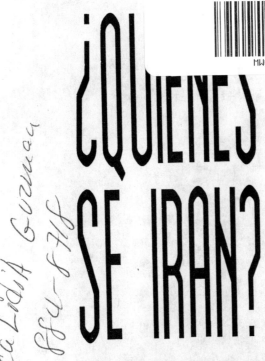

¿QUIENES SE IRAN?

EL ARREBATAMIENTO
DE LA IGLESIA

YIYE AVILA

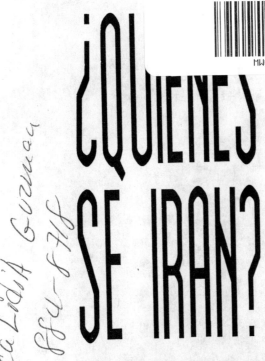

EDITORIAL
Carisma

Publicado por
Editorial **Carisma**
Miami, Fl. 33172
Derechos reservados

Nueva edición 1995

Cubierta diseñada por: Germán Herreros

Las opiniones expresadas por el autor de este libro
no reflejan necesariamente la opinión de esta Editorial.

Producto 550039
ISBN 1-56063-996-2
Impreso en Colombia
Printed in Colombia

Contenido

INTRODUCCION

Los medios noticiosos están continuamente dando noticias.

Si las analizamos a la luz de las Escrituras, encontramos que ellas nos afirman en la sublime esperanza de la Segunda Venida de Cristo. ¿Por qué? Porque todo lo que sucede, ya está profetizado en la Palabra. Jesús dijo que conoceríamos el tiempo de Su Venida, por el incremento de las malas noticias: guerras, hambres, terremotos, persecución, falsos profetas, temores, señales en el cielo, etcétera.

La más grande noticia del siglo correrá como pólvora por todo el mundo. Todos los medios de comunicación pronto dirán: "Miles han desaparecido". Para los que la escuchen, será mala noticia; pero para los desaparecidos, será lo mejor que les pueda haber ocurrido. ¿Serás tú de los que la escuchen, o serás de los desaparecidos? Grande tribulación les espera a los que la escuchen. Los desaparecidos estarán triunfantes y gozosos frente al trono de Dios. Por lo tanto, tienes un LLAMADO DELANTE DE TI: A SER PARTICIPE DE LAS BODAS DEL CORDERO Y ESCAPAR DE LA GRANDE TRIBULACION.

¿Qué hacer para alcanzar tan grande galardón? A través de la lectura de este libro encontrarás la respuesta. También te sentirás motivado a esforzarte al máximo, de modo que cuando suene la trompeta seas uno de los que con un cuerpo de gloria, semejante al cuerpo de Cristo, vueles hacia el cielo.

Capítulo 1

¿QUE ES UN CREYENTE?

El pueblo de Dios, o sea la iglesia de nuestro Señor Jesucristo, está esperando el acontecimiento más grande y más importante de la relación de Dios con el mundo. Me refiero al momento del Rapto o arrebatamiento de los fieles. Momento, en que el mismo Señor Jesucristo, descenderá hasta las nubes y nos llevará con El a los cielos. Las señales están cumplidas por lo que este movimiento o traslación puede ocurrir en cualquier momento. El escenario está preparado para la aparición del anticristo, pero antes, millares de fieles serán trasladados al reino de los cielos.

UNOS TOMADOS, OTROS DEJADOS

Lucas 17:34-35, es un pasaje clásico en cuanto al Rapto se refiere, en el cual el Señor estableció algo que es una realidad y que nos impulsa a nosotros a pelear la buena batalla de la fe. Dice:

Os digo que en aquella noche estarán dos en una cama; el uno será tomado, y el otro será dejado. Dos mujeres estarán moliendo juntas; la una será tomada, y la otra dejada.

El Señor estableció claramente que unos se van y otros se quedan. En este pasaje vemos un varón que se fue y uno que se quedó. Una mujer que se fue y una que se quedó. Naturalmente que todos los evangélicos no viven igual, y eso establece la diferencia. Los creyentes que están firmes, indudablemente volarán con el Señor. Ese debe ser el propósito de cada uno: afirmarnos en la plenitud de lo que el Señor demanda. Esforzarnos en vivir sin tomarnos riesgos de ninguna clase, porque para quedarnos aquí, cuando suene la trompeta, nos valdría más no haber nacido o habernos ido antes con el Señor. Pero quedarse en esta tierra, habiendo tenido la oportunidad de irse, sería una tragedia indecible.

En Mateo 25:1-13, encontramos la parábola de las diez vírgenes. Aquí vemos que TODAS salieron a recibir al esposo. Es decir que todas eran creyentes, sin embargo, cinco fueron tomadas y cinco fueron dejadas.

SOLO PARA CREYENTES

¿QUIENES SE IRAN? ¿Por qué muchos se van a quedar, si son creyentes? Ciertamente no todos los creyentes se van en el Rapto. No todo lo que el hombre llama creyente o iglesia aquí en el mundo, va a ser levantado y trasladado al cielo en ese glorioso momento. Pero todo lo que Dios llama CREYENTE O IGLESIA, sí se va. Y ese es el propósito de este libro: analizar cuál es esa iglesia del Señor que se va. Solamente tienen oportunidad de irse en el Rapto, los creyentes del Evangelio. No hay otra religión en este mundo que tenga el privilegio de ser parte de esta gloriosa esperanza. No es cuestión de convicciones humanas, de sabiduría humana, ni de obras humanas. Sólo creyentes de Jesucristo son los que tienen oportunidad. En Marcos 16:15-16, Jesucristo dijo en forma categórica:

Id por todo el mundo y predicad el evangelio a toda criatura. El que creyere y fuere bautizado, será salvo; mas el que no creyere, será condenado.

Los que creyeren son los únicos que tienen la oportunidad de volar en el Rapto. ¿Quiénes en realidad son los creyentes? Son muchos los que dicen ser creyentes y se llaman a sí mismos cristianos, ... pero, ¿cuáles realmente son los cristianos o creyentes que se van? No son los que tienen una religión, son los que en alma y cuerpo pertenecen a Cristo. Los que son propiedad privada de Jesús, nuestro Salvador. No todos tienen el privilegio de ser propiedad exclusiva del Señor. Por eso siempre estamos confesando por nuestra boca que somos hijos de Dios, lavados en la Sangre de Cristo, y que estamos en victoria. Con la boca confesamos para salud, (Romanos 10:10). Hay que hablar en forma positiva continuamente, en medio de todas las circunstancias, porque lo que hablamos, eso somos.

SELLO DEL ESPIRITU

La Biblia nos muestra quiénes son los creyentes. De boca todo el mundo es creyente. Hasta los impíos dicen: "Yo creo en Dios" Pero según la Palabra, ¿quiénes son los creyentes? En Juan 7:38 dice que Jesús estableció una señal clara, infalible e inconfundible para conocer a los creyentes. Dice:

El que cree en mí, como dice la Escritura, de su interior correrán ríos de agua viva.

Hablaba del Espíritu Santo que recibirían los que creyesen en El. No hay creyentes sin el Espíritu Santo. No basta con decir,"soy creyente", hay que recibir el Espíritu Santo. El creyente tiene ríos de agua viva, siente como corrientes que corren por su cuerpo que le confirman que su nombre está escrito en el libro de la vida, que es propiedad del Señor y que está sellado para vida eterna. El Espíritu Santo es el testigo fiel, infalible y seguro. Es el sello que nos hace diferentes, el sello que dice de dónde procedemos. Así como el sello de correo en una carta dice de dónde procede la carta; el Espíritu

Santo en nosotros dice que procedemos del cielo. El es el que confirma que somos HIJOS DE DIOS.

Cuando tenemos el Espíritu Santo de Dios, hay manifestaciones del Espíritu, que son típicas del creyente o de la iglesia de Jesucristo; pues los creyentes somos los que formamos la iglesia. Marcos 16:15 dice, que hay unas señales que seguirán a los creyentes. Estas son las señales que confirman que se tiene el Espíritu Santo. Veamos algunas señales:

1. Hablarán nuevas lenguas

Esta señal la profetizó Jesús, y el que no la cree, es a Jesús a quien no le está creyendo. Como estas señales se manifestarían en los que creyeren, la señal de las lenguas se manifestó en los apóstoles porque eran creyentes; y aún sigue siendo señal para todos los que creyeren. Jesús no dijo que era sólo para los apóstoles ni para la edad apostólica. Dijo que eran para *todos los que creyeren*. Se manifestó esa señal en casa de Cornelio porque creyeron. Fueron llenos del Espíritu y este manifestó las lenguas a través de ellos, Hechos 10:44-46.

2. Pondrán las manos sobre los enfermos y sanarán

Hay muchos que no creen en sanidad divina. Predican que esa manifestación era para la edad apostólica. Pero la Palabra dice, que esa señal seguirá a todo el que cree. Son muchos los cristianos que dicen: "A mí Dios no me llamó a orar por los enfermos". Eso es un error; a todos Dios nos llamó *a orar por los enfermos*. El no tiene que llamarnos a esto porque ya está escrito en Su Palabra. Sólo hay que creerlo, enseñarlo y practicarlo. La Palabra no dice que esta señal es para los evangelistas o pastores. Dice que es para los creyentes. Toda la iglesia de Jesucristo que se va en el RAPTO está compuesta de creyentes.

La promesa es aún más grande para este tiempo, pues dice la Palabra que en los últimos días derramará de Su Espíritu sobre toda carne. Dice Joel, que habrá un derramamiento de

Su Espíritu sobre nuestros hijos e hijas, jóvenes y ancianos, siervos y siervas. Esto incluye a todos los creyentes.

3. En mi nombre echarán fuera demonios

Todos los creyentes tienen la autoridad para echar fuera demonios. En forma especial tenemos que tener esa autoridad para echarlos fuera cuando vienen a atacarnos a nosotros mismos. Cuantas veces vengan atacando nuestras mentes con pensamientos negativos, tenemos que reprenderlos y echarlos fuera. *Resistid al diablo y huirá de vosotros*, dice en Santiago 4:7. Hay multitud de cristianos que no usan la autoridad que Dios nos ha dado y se dejan doblegar por los demonios. Echar fuera demonios es parte de las promesas de nuestro Señor Jesucristo. ¿Por qué estar pidiendo la oración por lo más mínimo, si nosotros como creyentes de Su Palabra tenemos autoridad? Si el enemigo viene con insomnio, con dudas, con nerviosismo, con pensamientos que no convienen; tenemos autoridad para echarlos fuera en el nombre de Jesús. Todos los que hemos creído, tenemos esa autoridad para tomar dominio sobre todo espíritu maligno de opresión sobre nosotros.

Me estoy refiriendo a los creyentes y no a los ministerios. Los ministerios tienen unciones especiales para otras manifestaciones. Pero todos los que tienen el Espíritu Santo, son creyentes y se manifiestan en ellos las señales.

VELAR POR NOSOTROS MISMOS

Tenemos un reto grande ante nosotros. Es que como creyentes que somos, llenos del Espíritu Santo, y confirmados así como hijos de Dios y herederos del cielo, tenemos que velar por nuestra forma de vivir. Dice la Palabra que la iglesia apostólica se movía en el temor del Señor y el Señor los multiplicaba y los consolaba por la manifestación del Espíritu Santo. Por eso es que la iglesia ha perseverado y aun se mantiene en pie. Y seguirá adelante hasta que suene la trompeta y así terminará esta dispensación de la gracia. Este movimiento de la iglesia hacia el cielo es el que estamos esperando de un momento a otro.

Son muchos los que creen y dicen que se van, pero no le hablan a nadie del Señor. La iglesia tiene que conocer qué es lo que demanda el Señor de ella, para ser partícipe del Rapto, que es el movimiento especial de Dios para librar de los temibles juicios que caerán sobre la tierra a los que estén maduros espiritualmente.

En Romanos 8:9, el apóstol Pablo nos dice:

Y si alguno no tiene el Espíritu de Cristo, no es de él.

Todo aquel que dice que el Espíritu Santo era sólo para la era apostólica, no puede ser considerado como creyente. Puede tener la religión que sea, y eso no cuenta, si no tiene el Espíritu Santo de Dios. En el cielo no hay nombres de religiones, ni Jesús predicó religión alguna. El predicó única y exclusivamente Su Palabra. Los creyentes somos templo del Dios viviente porque El ha hecho de nosotros Su morada. Es un precioso compañerismo en que nada podemos hacer sin El. Los creyentes de Cristo Jesús nos deleitamos en la gloriosa esperanza del Rapto de la Iglesia.

Resumiendo, sonará una trompeta y los creyentes volarán hacia el cielo. Pero, unos serán tomados y otros dejados. ¿Quiénes tienen oportunidad? Los creyentes. ¿Cuáles son los creyentes? Los que tienen el Espíritu Santo. No es cuestión de religión. Es un asunto personal entre cada cristiano y Jesús.

Capítulo 2

LA PALABRA DE SU PACIENCIA

Muchos creen que todos los que son evangélicos serán incluidos en el arrebatamiento de los creyentes. Sin embargo, hay evangélicos que lamentablemente están echando a perder su oportunidad, porque con sus obras impías niegan la verdad de Su Palabra. Hay otros, que son creyentes sinceros, pero no tienen aceite suficiente en sus lámparas, por lo que se quedarán para la Gran Tribulación. Pero afortunadamente hay otros creyentes que son como las vírgenes prudentes, con sus lámparas llenas de aceite, que serán partícipes del gran evento del Rapto de la Iglesia. ¿Cuáles son estos creyentes?

EL RAPTO Y LA OBEDIENCIA

En Apocalipsis 3:10, el Señor dice en forma bien específica, quiénes son los que se van. Dice:

> *Por cuanto has guardado la palabra de mi paciencia, yo también te guardaré de la hora de la prueba que ha de venir sobre el mundo entero, para probar a los que moran sobre la tierra.*

Viene una hora de prueba; de grande tribulación sobre esta tierra perdida. Caos, confusión y juicios como jamás se han visto antes. Pero hay una promesa: el Señor guardará a los que están guardando la Palabra de Su paciencia. No dice que va a librar a los evangélicos, ni a los que pertenezcan a tal o cual religión. Sólo va a librar a los que están guardando la *Palabra de Su paciencia*. De modo que no nos llenemos de un orgullo denominacional porque eso no es de Dios. Lo esencial es ser obedientes a Su Palabra y que seamos propiedad privada de El. Así en el Rapto volaremos con El para el cielo.

LA DENOMINACIÓN NO IMPORTA

No importa cuál sea el nombre de su denominación, si usted guarda la Palabra, volará al cielo, y no perderá esa única y maravillosa oportunidad de irse al cielo en el Rapto de la Iglesia. No es cuestión de la denominación, sino de la obediencia a Su Palabra. En todas las denominaciones evangélicas hay gente obediente a la Palabra. Hay muchas de ellas a las cuales se les llaman frías, y sin embargo, en ellas hay hermanos que están llenos de la bendición de Dios. También hay otros hermanos que pertenecen a denominaciones llamadas de Pentecostés, que están vacíos de esa bendición. Los que somos de doctrina pentecostal tenemos un reto muy grande, pues la Palabra dice que al que mucho se le ha dado, mucho le será demandado, (Lucas 12:48). De modo que nuestro reto es guardar Su Palabra; esto es estar en Su perfecta voluntad. Debemos vivir de tal modo que con libertad podamos decirle al Señor como dijo Ezequías:

> *Te ruego que hagas memoria de que he andado delante de ti en verdad y con íntegro corazón, y que he hecho las cosas que te agradan.*

2 Reyes 20:3

Entonces el Señor tendrá que decir: "Así es, no tengo nada que reprocharte".

¡SEGUID AL PASTOR!

"Creer", dentro de su significado básico, significa estar convencido de la realidad de una cosa. Hay muchos que están convencidos, pero no convertidos. Jesús le dijo a los judíos:

Vosotros no creéis, porque no sois de mis ovejas

Juan 10:26

Vemos que sus ovejas son los que creen en El. En el versículo 27 las describe así:

Mis ovejas oyen mi voz, y yo las conozco, y me siguen.

Un fiel seguidor de Jesucristo es aquel que oye Su voz y la obedece, así estará guardando la Palabra de Su paciencia. Esto es lo que quiso decir el Señor cuando en Mateo 10:38 dijo:

El que no toma su cruz y sigue en pos de mí, no es digno de mí.

Capítulo 3

QUE NOS RECLAMA
LA PALABRA

Si solamente se van en el Rapto los que guardan Su Palabra, entonces debemos tener pleno conocimiento de lo que ella reclama de nosotros. Siendo este acontecimiento del levantamiento de la Iglesia, uno tan esperado y anhelado por nosotros, debemos empaparnos de lo que Su Palabra nos demanda para ser encontrados dignos de escapar. ¿Cómo escaparemos?

1. DEMANDA DE AYUNO

En Mateo 9:15 vemos que cuando los discípulos de Juan el Bautista le reclamaron a Jesús sobre el porqué los discípulos de El no ayunaban, el Señor les dijo que como ellos estaban de boda, no tenían que ayunar:

> *¿Acaso pueden los que están de bodas tener luto entre tanto que el esposo está con ellos? Pero vendrán días cuando el esposo les será quitado, y entonces ayunarán.*

Los que estaban de boda, no podían estar de luto, pues estaban caminando con El, en Su propia presencia todo el tiempo. Pero añadió que "cuando yo sea quitado, entonces ayunarán". Claramente les dijo el Señor, que llegaría un momento en que El iba a ser quitado o arrebatado al cielo en las nubes y que por lo tanto, como ya no iban a estar todo el tiempo en Su gloriosa presencia, entonces tendrían que ayunar. De modo que en la Palabra encontramos un llamado de ayuno a la iglesia de Jesucristo. Y los que guardan la Palabra de Su paciencia serán librados de la hora de prueba que ha de venir. Por esto, todos los que quieren ser partícipes del Rapto deben orar diciendo: "Señor, dirígeme, úngeme, enséñame y muéstrame los detalles para yo ayunar en tu perfecta voluntad". Así el Espíritu Santo nos dará la dirección precisa para hacer el ayuno agradable a Dios. El Espíritu Santo que está en nosotros es el que nos dará fuerzas para el ayuno. No podemos entrar en el ayuno del Señor sólo porque físicamente nos sintamos robustos y saludables. De hacerlo así, encontraremos que pronto no podremos seguir adelante. No podemos depender de nuestras fuerzas humanas. Es con las fuerzas del Señor, la que recibimos a través de Su Santo Espíritu. Joel 2:12 dice:

> *Convertíos a mí con todo vuestro corazón, con ayuno y lloro y lamento.*

Se van en el Rapto los que se convierten de todo corazón, disciplinando su vida en ayuno y gimiendo en la presencia de nuestro Señor. El ayuno limpia nuestro hombre interior, y a la vez limpia el hombre exterior, pues los ciudadanos del reino de los cielos no podemos lucir como los pecadores de esta tierra. Nosotros somos distintos, somos un pueblo peculiar de El, somos un pueblo santo, inmaculado, sin manchas ni arrugas, según dice la Palabra. Pero el que luce limpio por fuera, pero está sucio por dentro, es un hipócrita. Ese era el caso de los fariseos, por fuera lucían muy religiosos. Con mucho ropaje, sin embargo, Jesús les dijo que eran hijos del diablo.

Joel nos dice muy claro que para ser un verdadero creyente, convertido de todo corazón, hay que ayunar y orar en la profundidad de lloros y gemidos. Eso demanda Dios de la Novia de Jesucristo.

El ayuno nos da dominio sobre la carne. Pablo decía que él dominaba la carne. ¿Cómo la dominaba? Su vida era de oración, de ayuno, de vigilias, de actividades espirituales. El que no se mueva en la dirección del Espíritu, nunca podrá tomar dominio de esta carne. La Palabra dice que el sentir de la carne es muerte. Por eso es que los pecadores están muertos, porque la carne los domina y por lo tanto el sentir de muerte de la carne está sobre ellos. Ante Dios son como un puñado de huesos secos. Huesos que si vienen a Cristo vivirán. El Señor les pondrá tendones, ligamentos, carne y espíritu para vivir, en el momento que vengan a El. Así éramos nosotros antes de venir a Cristo, huesos secos. Pero al venir al conocimiento de Su Palabra adquirimos vida. Durante el ayuno se muere a la carne y se vive en el espíritu.

2. DEMANDA DE VELAR

Los cristianos que están velando son aquellos que están alertas; que no duermen espiritualmente. En Mateo 24:42, hablando Jesús del Rapto, dijo:

> *Velad, pues, porque no sabéis a qué hora ha de venir vuestro Señor.*

El día y la hora, nadie lo sabe, ni aun los ángeles del cielo. Sí sabemos que todo está cumplido, que este es el tiempo, que esta es la época, que todo está a punto de terminar, que estamos a punto de oír el sonido de la trompeta, pero no sabemos si es hoy o mañana, por lo tanto hay que estar alertas. De modo que si suena hoy, nos vamos, y si no es hoy, mañana seguiré alerta, pensando que puede ser mañana. Vivamos cada día como si el Señor fuera a venir.

En Mateo 25:13, luego del Señor hablar sobre el Rapto en la parábola de las diez vírgenes, el Señor nos dio una orden más específica en relación a este evento. Nos dice:

Velad, pues, porque no sabéis el día ni la hora en que el Hijo del Hombre ha de venir.

Aquí Jesús repite la orden para enfatizar la importancia de velar en todo tiempo a la vez que nos responsabiliza de cumplir con la demanda. Esto implica que el cristiano que no se mantenga velando, va a ser sorprendido por el enemigo y no se va a ir en el Rapto. El cristiano que no se mantiene en vela, fácilmente puede ceder a las tentaciones, que en forma muy sutil presenta Satanás.

El atalaya que se duerme, pone en peligro su vida y la vida de los demás. El cristiano vigilante permanece en vela y no se confía de tener completamente asegurado el tesoro que obtuvo. El mismo Pablo dice en Filipenses 3:13:

Hermanos, yo mismo no pretendo haberlo ya alcanzado.

El sabía cuál era su meta y se mantenía corriendo hacia ella, en VELA de no caer en el camino. Pablo conocía lo que era sufrir naufragios. Dice que tres veces estuvo como náufrago en el mar, (2 Corintios 11:25). Sabía que si no se mantenía en vela, podía naufragar. Los cristianos que fallan en mantener su vigilancia tendrán que pagar las consecuencias. Estar alertas en este tiempo impedirá que naufraguemos en el mar embravecido de la Gran Tribulación. Pablo no se consideraba demasiado confiado en sí mismo. Los que así se consideran, dejan de velar y caen en una conformidad muy peligrosa.

Cuando un avión despega tiene que subir hasta alcanzar la altura que necesita para mantener su rumbo. Si el piloto falla en mantener ese rumbo las consecuencias podrían ser muy graves. Estaría en peligro, no sólo la vida del piloto, sino la de todos los que van en la nave. Cuando aceptamos al Señor, iniciamos un vuelo hacia el cielo. Si nos mantenemos en vela, podemos conservar el rumbo.

El cristianismo es cuestión de gente responsable, de gente seria, interesada, despierta y que están velando. No es cuestión de gente que están más atentos al mundo y a las cosas temporales, que a Dios. En tu corazón, Dios tiene que ser primero que el trabajo y los estudios para poder estar alerta a los movimientos de Dios. Los que se van en el Rapto viven enamorados del Señor, siempre viven en un primer amor con El y están siempre dispuestos a hacer todo lo que sea posible por Jesucristo. Aunque a la gente no le gusta que le digan fanático, la realidad es que hay que ser fanático de nuestro Señor Jesucristo, viviendo una vida de total entrega y plena consagración a El.

En Lucas 21 encontramos a Jesús hablando de los eventos que precederán a Su Venida. Y cuando termina de hablar de estos eventos, entonces dijo las palabras decisivas:

Velad, pues, en todo tiempo orando que seáis tenidos por dignos de escapar de todas estas cosas que vendrán, y de estar en pie delante del Hijo del Hombre.

Lucas 21:36

Lo significativo de esto es, que hay un pueblo que va a escapar y que este pueblo que se va en el Rapto, son gente que están velando. Están bien alertas a las cosas espirituales. No hay forma de que ningún evangélico dormido se vaya. Los cristianos dormidos son indiferentes, y se acomodan a todas las circunstancias, sean para bien o para mal. Estos no se van. La Iglesia del Señor (cristianos que están en vela), no se quedarán para la Gran Tribulación, pero a los cristianos dormidos e irresponsables, mundanos y tibios, grande tribulación les espera. La iglesia que se va, se compone de cristianos que están velando, que están limpios por dentro y por fuera, y que viven siempre en un primer amor con el Señor. Esa es la iglesia que tendrá el sublime privilegio de ser levantada en ese glorioso momento que a pasos agigantados se avecina. ¡Bendito sea el Señor! Escaparán y estarán en pie delante del Hijo del Hombre. Jesucristo está a la diestra del

Padre Todopoderoso. Es decir que nos levantarán hasta la misma presencia del Padre y estaremos para siempre con El. Cristo tiene que ser número uno en nuestras vidas. El que tiene trabajo que sea uno digno y honrado y que ahí sea responsable y brille para el Señor, pues la Palabra dice en 2 Tesalonicenses 3:10, que si alguno no quiere trabajar, tampoco coma. Sin embargo, hay muchos que trabajan doble para aumentar sus ingresos y luego no tienen tiempo para hacer la obra del Señor, ni para asistir a la iglesia. Cristo no es número uno en sus vidas.

Resumiendo, no todos los evangélicos se van. Todos los evangélicos tenemos oportunidad de irnos, pero sólo se van creyentes del evangelio que están velando en todo tiempo para poder escapar y poder estar en pie delante del Hijo del Hombre. Veremos a Jesús con cuerpo visible e inmortal a la diestra del Padre. Creemos en un solo Dios que se manifiesta en tres divinas personas. No un Dios de tres cabezas. Son tres los que dan testimonio en el Cielo, dice la Palabra: el Padre, el Hijo y el Espíritu Santo y los tres una sola cosa son. Ahora mismo Cristo y el Padre son una realidad en nuestros medios a través de la persona del Espíritu Santo.

Capítulo 4

HE AQUI QUE VENGO COMO LADRON

En Apocalipsis, el libro que es revelación de Jesucristo al apóstol Juan, y que nos da información precisa sobre el Rapto y todos los eventos proféticos, nos dice en el capítulo 16, verso 15:

He aquí, yo vengo como ladrón.

Esto se refiere al Rapto, no a la Segunda Venida. Cuando habla de la Segunda Venida, dice que viene con las nubes y todo ojo le verá. Ningún ladrón viene con todo ojo viéndole, por el contrario ellos actúan a escondidas para no ser vistos y detenidos. Y Jesús dice en Apocalipsis 16:15 que viene un día en que El vendrá como ladrón:

He aquí, yo vengo como ladrón. Bienaventurado el que vela, y guarda sus ropas, para que no ande desnudo, y vean su vergüenza.

Gente vestida espiritualmente como demanda Dios. Tenemos que vestir vestiduras espirituales dignas del Señor porque solamente una iglesia inmaculada, sin mancha ni arruga, gloriosa y sin mentira en su boca, será la que marche en victoria el día del Rapto. Con toda Su armadura, velando en todo tiempo, porque Jesús viene, y aunque no es ladrón, viene como ladrón a llevarse algo que es propiedad de El. Los que no son propiedad de El no los va a tocar, esos se quedan. Viene como ladrón porque viene cuando nadie lo espera. Será en un momento en que nadie se dará cuenta, cuando vengan a ver, miles y miles habrán desaparecido, y nosotros ya estaremos a millones de años luz de distancia frente al trono de Dios. Nuestros labios se llenarán de risa, dice la Palabra. Y aunque ahora tenemos el gozo del Señor, entonces se manifestará ese gozo eterno en toda su plenitud.

El reino de los cielos ya está manifestado en nuestros corazones, lo que falta es que este cuerpo mortal sea transformado en uno inmortal y volemos con el Señor. Esto está a punto de suceder, por lo tanto, hermano, VELA, no te duermas espiritualmente, no te entretengas en las cuestiones temporales, ni pongas tus ojos en las cosas de este mundo. Que todo tu ser esté puesto en las cosas de arriba, anhelando el Rapto en tu corazón, clamando en todo tiempo para que el Señor te dirija y enderece delante de ti el camino que te hará llegar a ser partícipe de ese movimiento glorioso que con ansiedad esperan los creyentes. Aun antes de acostarte, clama y dile al Señor que si El viene no te deje en la cama por nada. Si todos viviéramos con ese anhelo en nuestro corazón no habrían problemas en las iglesias, pues seríamos los cristianos más sujetos a todo lo que la iglesia y la Palabra de Dios demandan.

1. DEMANDA DE ORACION

Los creyentes de ORACION son los que tienen una oportunidad gigante de volar con el Señor. Vamos a probarlo con la Biblia. En Lucas 21:36, Jesús dijo:

Velad, pues, en todo tiempo orando que seáis tenidos por dignos de escapar de todas estas cosas que vendrán, y de estar en pie delante del Hijo del Hombre.

Aquí el Señor demuestra que hay un grupo que va a ser librado. No es como muchos dicen, que la iglesia pasará por la Gran Tribulación. Quienes pasarán por la tribulación serán millares de evangélicos negligentes que no oran ni ayunan, ni buscan de Dios y que viven como mejor les parece. Aquellos evangélicos que comparten más con el mundo que con el Señor. Pero esa no es la Iglesia. Esas son personas convencidas, pero no convertidas. La iglesia es el cuerpo de Jesucristo. En ese cuerpo no hay división, no hay dudas ni mundanalidad. Lo que hay es poder, santidad y comunión con Dios todo el tiempo. Nuestro llamado es a estar bien escondidos dentro del cuerpo del Señor y la ORACION es uno de los instrumentos principales para lograrlo.

No son cinco minutos de oración diaria. Hay cristianos que están tan afanados por las cosas perecederas que apenas tienen tiempo para orar. Tales cristianos sólo están convencidos de que Cristo es la verdad, pero creyentes no son. Son convencidos, pero no convertidos. El convertido vive una vida de oración cuidadosamente programada, está pendiente de no fallar a su vida de oración. Esta es una de las cosas que tenemos que VELAR: nuestra vida de oración. "Vela y ora en todo tiempo, SI QUIERES ESCAPAR..." Lo tomas o lo dejas, no es obligado, pues Dios no obliga a nadie.

Desde que yo me convertí al Señor, El puso en mi corazón anotar el tiempo que oro diariamente con el propósito de yo mismo supervisar mi vida de oración. Cuando veo que en algún día he orado poco, el Espíritu me redarguye y al otro día me esfuerzo en orar más. También acostumbro anotar todos los puntos por los cuales debo orar, y así me aseguro que no omito nada en la oración. Si Dios es un Dios de orden, como dice la Palabra, entonces cuanto más nosotros tenemos que ordenarnos en todo, incluyendo nuestra vida de oración.

Proverbios 8:17, nos da un punto decisivo en cuanto a la vida de oración. Es algo que Cristo mismo obedeció y lo vivió hasta la saciedad. Dice:

Yo amo a los que me aman, y me hallan los que temprano me buscan.

A la carne no le gusta madrugar, pues dice la Palabra que la carne siente contra el espíritu y que el sentir de la carne es muerte. La carne es nuestro peor enemigo, pero con ella nos tenemos que mover y tenemos que dominarla y sujetarla para la gloria de Dios. Tenemos que usar nuestro cuerpo para la gloria de Dios. Si es el cuerpo el que nos usa a nosotros, estamos muertos. Los pecadores son aquellos que la carne los usa a ellos. Pero en los creyentes dominamos nosotros, dirigidos por el Espíritu Santo porque vivimos como dijo Pablo:

Con Cristo estoy juntamente crucificado, y ya no vivo yo, mas vive Cristo en mí.

Gálatas 2:20

Y luego dijo:

Sed imitadores de mí, así como yo de Cristo.

1 Corintios 11:1

Pablo tenía dominio de su carne con la fuerza de Dios, no con la de él. El había muerto al yo y estaba vivo en Cristo. Nuestro yo tiene que decrecer día a día hasta que uno desaparezca y sólo viva Cristo en nosotros. Entonces podremos madrugar a orar. La oración de madrugada es una muy especial y también es muy efectiva.

Los que le buscan de madrugada, le encuentran. Dice la Palabra, que Jesús, cuando aún era muy de noche, estaba arriba en el monte orando. Y Jesús dijo: "Los discípulos serán semejantes al maestro" y "Las obras que yo hago, él también las hará". Para hacer las obras que El hizo, hay que vivir como El vivió. El madrugaba a orar y la oración de madrugada es base de victoria en la vida del creyente. Cuando se ora de madrugada, uno prepara ese día para victoria. No importa lo que el diablo traiga, uno se para firme y le dice: "Diablito, te equivocaste de cliente, tengo autoridad sobre ti. Vete en el Nombre de Jesús". Y el enemigo tiene que huir porque tenemos la autoridad total del Señor sobre él. Si descuidamos nuestra vida de oración el enemigo tomará ventaja, pero mientras estemos velando y orando, el diablo será un enemigo derrotado.

Si vamos a hacer las obras que El hizo, tenemos que madrugar a orar, tenemos que ayunar y tenemos que orar por los enfermos y oprimidos. Tenemos que vivir a la semejanza de Jesús; no a la semejanza del evangelista, del pastor o del hermano. Es imitando a Jesús y no a los hombres. Pablo imitaba tanto a Jesús que pudo decir: "Sed imitadores de mí, como yo de Cristo". Así de profunda era la vida espiritual de Pablo. Fue tan seguro en su fe, que en Listra lo apedrearon y cuando lo dieron por muerto, se levantó y siguió caminando.

La demanda de oración, no es a cualquier oración. Es la oración de Jesús, (Ver Mateo 6:9-13) la que El enseñó a la iglesia por inspiración del Espíritu Santo. El enseñó a la iglesia a orar y esto quedó ahí como patrón de oración para la dispensación de la gracia. Cuando ya tengamos nuestro cuerpo de gloria, no tendremos que interceder. Es algo grande y maravilloso lo que nos espera, por lo que no podemos echarlo a perder. Tenemos que estar despiertos y alertas, velando y orando en todo tiempo. A las vírgenes que se quedaron, el Señor les llamó necias o insensatas, porque aunque tenían el Espíritu de Dios, estaban esperando al Señor y sabían que estaba a punto de llegar; sin embargo no estaban tan llenas y firmes como debían haber estado. No podemos ser necios, sino inteligentes. Si hay alguno inteligente, busque a Dios, dice la Escritura. Permita al Señor ser el epicentro de toda su vida, sus actividades y sus pensamientos.

Un cristiano descuidado en su vida de oración puede hasta perder la salvación de su alma. Cristo dijo, que el que perseverarehasta el fin, ése será salvo; y añadió que si el justo se apartare de El, su nombre será borrado de Su libro.

Esto es Palabra de Dios, por lo tanto hay que vivir con temor y temblor echando a un lado la falsa doctrina de "salvo siempre salvo". Es necesario orar un largo rato antes de emprender las tareas del día y entre otras cosas orar: "Señor, dame hoy victoria, líbrame de las tentaciones que pueden venir, fortalece mi fe, líbrame del mal hoy, aplasto la obra del diablo contra mí, proclamo victoria, tomo dominio de este día, me cubro bajo tus alas protectoras, en el nombre de Jesús", y el Señor no fallará en darnos victoria cada día, pues le estamos demostrando a Dios que El es primero en nuestras vidas. Hay que desarrollar el hábito de levantarse temprano y dedicar un tiempo razonable a la oración, para luego tener tiempo, de con calma, hacer las tareas necesarias para llegar temprano al trabajo o a los estudios. Tenemos que aprender a ordenar y programar nuestra vida, teniendo en cuenta que lo espiritual es primero. Muchos se levantan tarde y empiezan el día agitados en una carrera contra el tiempo, acarreándose luego las consecuencias que esta agitación puede traer sobre su cuerpo. Muy de madrugada, Jesús iba al monte a orar, otras veces se quedaba en vigilia toda la noche y en otras ocasiones se olvidaba de los discípulos y las multitudes, para apartarse a orar.

Pablo dijo que él era imitador de Jesucristo. Es decir que su vida era de ayunos, oración, vigilias y actividades espirituales. Cuando se entra en ese tipo de vida se siente el gozo y la paz que sobrepuja todo entendimiento. Cuando amamos a Jesucristo de todo corazón, Su paz fluye por nuestro ser. Esa paz no está cuando llenamos nuestra vida de programas mundanos de televisión, de música mundana y diabólica, de deportes y de cuanta basura indigesta el espíritu, que hace que no se manifieste la paz que prometió Jesús cuando dijo:

La paz os dejo, mi paz os doy; yo no os la doy como el mundo la da. No se turbe vuestro corazón, ni tenga miedo.

Juan 14:27

Nuestros rostros reflejan la paz y el gozo que sólo Cristo puede dar. Hasta los impíos lo perciben con sólo mirarnos, si somos verdaderos creyentes de Jesucristo, porque el que está lleno de Dios, refleja lo que de El ha recibido a través de la profunda vida de oración. No una oración apurada de cinco minutos porque estamos tarde para el trabajo, o porque estamos muy cansados y es hora de dormir. MADRUGANDO A ORAR LE DEMOSTRAMOS AL SEÑOR QUE EL ES PRIMERO EN NUESTRAS VIDAS.

En Efesios 6:18, Pablo nos enseña lo mismo que Cristo nos enseñó:

> *Orando en todo tiempo con toda oración y súplica en el Espíritu, y velando en ello con toda perseverancia y súplica por todos los santos.*

Aquí Pablo nos doctrina sobre la oración en el Espíritu. *¿Qué es orar en el Espíritu?* En 1 Corintios 14:14, dice que el que ora en lenguas, ora en el espíritu. Y en Romanos 8:26, añade que el que ora con gemidos, ora en el Espíritu. Este es el tipo de oración que practicaron y enseñaron los apóstoles. En Judas 20 dice:

> *Pero vosotros, amados, edificándoos sobre vuestra santísima fe, orando en el Espíritu Santo.*

Pablo nos dice que oremos con el entendimiento, pero también en el Espíritu. Pablo oraba con lenguas y gemidos en el Espíritu, y en el pensamiento oraba con el entendimiento. Tenemos un reto para cada período de oración: que éste sea en el Espíritu. No sólo arrodillarnos a orar en nuestro idioma (con el entendimiento), sino también en lenguas y con gemidos. Esta oración es tan efectiva que el que ora en esta forma, todo lo puede. Dice que la oración eficaz del justo puede mucho (Santiago 5:16). La oración en el Espíritu edifica y prepara a uno para lo que puede sobrevenir y para lo que ha de hacer. Muchos oran pidiendo al Señor un avivamiento. Con esto, están confesando que no están en avivamiento. Se supone que los creyentes están siempre en avivamiento y eso lo impartamos a los demás. Si tenemos el Espíritu Santo, ya Dios está en nosotros. Lo que tenemos es que avivar el fuego con oración y ayuno. La oración en lenguas nos edifica en la fe, nos aviva para vivir sintiendo la presencia de Dios, su gozo, su paz y la confianza de que nuestros nombres siguen escritos en el libro de la vida.

Orar en el Espíritu, es orar con gemidos, con lágrimas, en lenguas y con el entendimiento. Los judíos no tenían el Espíritu Santo y sin embargo oraban llorando y gimiendo. No tenían lenguas porque esto era una bendición exclusiva que Dios tenía reservada para la Novia del Cordero. Muchos creen que las lenguas eran sólo para los apóstoles, pero Jesús dijo que esta señal seguiría a todos los que creyeren (Marcos 16:17). Pablo dijo que el que ora en lenguas, ora en el Espíritu y habla misterios con Dios. Es una oración poderosa que mueve a Dios a hacer milagros; aparte de que el que ora en lenguas se edifica a sí mismo, esto es que nos aviva la fe que hace que podamos mantener al diablo bajo nuestros pies. En Judas 20 dice que oremos en el Espíritu para que nos edifiquemos en la fe. Así dice Pablo, que el que ora en lenguas se edifica a sí mismo y ora en el Espíritu. Es oración poderosa que viene inspirada por el Espíritu Santo. La oración en el Espíritu nos hace sentir libres, porque rompe los yugos que el enemigo insiste en poner sobre los hijos de Dios.

2. LA DEMANDA DE SER TESTIGO

Los creyentes tienen que ser testigos de Jesús. Los creyentes que no son testigos de Jesús difícilmente se irán en el Rapto. Hay muchos que vienen a Jesús y nunca le testifican a nadie de El. Estos en realidad son convencidos y no convertidos. El convertido ha cambiado y ya no son sus convicciones las que predominan, sino que es Cristo, el que vive en él. En Hechos 1:8 dice:

Pero, recibiréis poder, cuando haya venido sobre vosotros el Espíritu Santo, y me seréis testigos en Jerusalén, en toda Judea, en Samaria y hasta lo último de la tierra.

Es decir que nos daría poder para ser Sus testigos. Ser testigo NO es aprenderse algunos versículos de la Palabra de memoria e irse casa por casa tratando de convencer a la gente. Sí, tenemos que visitar, porque el Señor así lo mandó, pero para que esto sea efectivo, hay que estar lleno del Espíritu Santo. Según el mandato de Jesús, recibiríamos poder y luego le podríamos ser testigos. La bendición no es solamente para gozarnos en la iglesia con ella. Pero si nos gozamos en la iglesia sintiendo el poder y la bendición de Dios y luego no somos testigos, estamos siendo cristianos egoístas y estamos poniendo en peligro lo que el Señor nos ha dado.

El Espíritu Santo trabaja a través de nosotros. Llora y gime por los pecadores a través de nosotros. Salva a otros cuando les hablamos de Cristo y sana cuando le ponemos las manos a los enfermos. Somos Sus instrumentos y nos convertimos así en testigos de Jesucristo. Jesús envió a los discípulos por las casas sanando y predicando el evangelio de Dios. Ese mandato es para nosotros también. No sólo para el pastor y los evangelistas, es para todos los CREYENTES. (Lucas 10:1-9.)

"ID POR LAS CASAS, SANAD LOS ENFERMOS Y ANUNCIAD EL EVANGELIO DE DIOS", dijo Jesús.

La mayor parte de los creyentes se han conformado con ser miembros de la iglesia nada más. Pero una vez usted esté en la iglesia, firme, bautizado en las aguas, bautizado en el Espíritu y con conocimiento de la Palabra; tiene que ser testigo de Jesús. Tiene que moverse por donde está la necesidad, presentar a Cristo, orar por los enfermos, invitar gente a la iglesia y ser un testigo fiel de Jesucristo. Muchos no se atreven a orar por los enfermos pensando que no se van a sanar. Le están robando la bendición, pues, el Señor prometió sanarlos cuando pusiéramos las manos sobre ellos. Nosotros hacemos nuestra parte y el Señor hace la Suya. Dios es el que sabe lo que debe hacer y lo que no debe hacer. Pero si mientras somos testigos, estamos perseverando en ayuno y oración; Dios no fallará en guiar cada uno de nuestros movimientos a través de Su Espíritu Santo. Los evangélicos que no son testigos ahora, tendrán que testificar en la Gran Tribulación con la disposición de que le corten el cuello. Ahora es más fácil ser testigo y sin embargo miles no aprovechan la oportunidad, por lo que se están perdiendo la gran oportunidad de su vida de irse en el levantamiento de la iglesia.

Cuando suene la trompeta muchos pastores, evangelistas, misioneros, líderes y miembros de las iglesias se quedarán porque no están guardando la Palabra de Su paciencia. La promesa no es ni para los ministerios. Judas era apóstol y se perdió. Podemos tener ministerios, pero si hay pecado escondido, nos estaríamos moviendo en arenas movedizas. Si estamos en pecado, en hipocresía religiosa, codicias, enemistades y contiendas, estamos ligados y NO nos vamos aunque tengamos ministerio. Este asunto es que "los que guardan la Palabra de mi paciencia" son los que se van. En Mateo 24:45 el Señor dijo:

¿Quién es, pues, el siervo fiel y prudente, al cual puso su señor sobre su casa para que les dé el alimento a tiempo? Bienaventurado aquel siervo al cual, cuando su señor venga, le halle haciendo así. De cierto os digo que sobre todos sus bienes le pondrá.

Mateo 24:45-47

Estos son los verdaderos testigos, los que aprovechan toda oportunidad para repartir pan del cielo. No serán bienaventurados los que no estén repartiendo la porción del pan del cielo que les corresponde repartir. Estos serán como aquel que escondió su talento, y cuando regresó su Señor, no tenía nada que presentarle. A éstos el Señor les llama siervos inútiles. Nosotros somos llamados a dar de gracia lo que de gracia recibimos. Llamados a movernos en amor de Dios, trayendo a los perdidos y ayudando a perseverar a los que son más débiles, junto a los que están empezando. Perseverando en la iglesia, que es el cuartel general de batalla; es donde nos llenamos y aprendemos para poder ir equipados con todas las armas necesarias. Pero son muchos los que después de recibir pan del cielo en la iglesia, se acomodan frente a un televisor, se les va la bendición y se olvidan de la gran comisión de ser testigos. Este tipo de evangélicos se quedará cuando suene la trompeta.

En Mateo 3:10, Juan el Bautista dijo:

> *Y ya también el hacha está puesta a la raíz de los árboles; por tanto, todo árbol que no da buen fruto es cortado y echado en el fuego.*

Hay que dar fruto para Dios, para poder volar en el Rapto y aun para la salvación. En la Palabra hay sentencia de que Dios cortará a los que sean higueras estériles. Cuando Jesús fue a buscar fruto en la higuera y no lo halló, la maldijo y se secó completamente desde sus raíces. Es nuestra salvación y la de otros a través de nosotros, la que está en juego. Por eso dice la Palabra, que cómo escaparemos si descuidamos una salvación tan grande. Es necesario dar fruto a 30, a 60 o a ciento por uno. Las iglesias están llenas de árboles estériles, que nunca se han ganado un alma para Cristo. La Palabra es clara cuando dice que TODO árbol que no dé BUEN FRUTO será cortado y echado al fuego. El que da buen fruto es el Señor a través de nosotros. El es el que hace la obra, cuando permitimos que el Espíritu Santo nos use. Cuando yo me convertí, el Señor le mostró cuál era mi llamado, a un evangelista que llevó a cabo una campaña en Camuy. El Espíritu Santo le hizo sentir la carga de ayudarme y empezó a enseñarme puntos fundamentales de la Biblia. Lo primero que me enseñó fue que hay que dar fruto abundante, empezando por ir por las casas testificando y contando a los que eran mis amistades del mundo, lo que el Señor había hecho por mí. Así lo hice, pero cuando el Señor me bautizó con el Espíritu Santo, no sólo les hablaba, sino que ponía las manos sobre los enfermos y les oraba. Los enfermos empezaron a sanarse y entonces yo los invitaba a la iglesia advirtiéndoles que si no le servían al Señor, algo peor podría sobrevenirles, según dice la Escritura. Ellos iban a la iglesia, y un día el pastor mandó a poner de pie a todos los convertidos a través de mis visitas. Ese día dieciocho personas se pusieron de pie, por lo que el pastor dijo: "Parece mentira que en tan poco tiempo que el hermano Yiye lleva con nosotros, que aun no es miembro de la iglesia, ya se ha ganado estas almas, y aquí hay tantos que llevan años y no se han ganado ni un alma para el Señor".

No ocurría esto porque fuera Yiye Avila, era que yo hacía lo que decía la Palabra de ir por las casas, orar por los enfermos y anunciar el reino de Dios. Si todos los creyentes hicieran esto, las iglesias estarían llenas y creciendo. Pero el problema del estancamiento de las iglesias es que son pocos los que testifican. No entienden que el ir a la iglesia es parte de un entrenamiento para ser un testigo eficaz. El Señor nos llamó no sólo a ser creyentes, sino a también ser discípulos. El dijo que los discípulos serán semejantes al maestro. A los discípulos no hay quien los calle, somos los que tenemos el único mensaje importante en esta tierra y la luz para alumbrar a los pecadores. Las mejores noticias las tenemos nosotros, por lo tanto no callemos, pues seremos bienaventurados por estar repartiendo la porción cuando el Señor venga. "Los pondré sobre toda mi servidumbre", dice la Palabra. Cuando el Señor establezca Su reino aquí en la tierra, nosotros seremos los gobernantes de las naciones, pues dice la Biblia que el que venciere, perseverando hasta el fin, nos dará potestad sobre las naciones. Será un gobierno teocrático, donde Dios será el único que manda.

3. DEMANDA DE APARTARSE DEL MUNDO
En 2 Corintios 5:17, dice:

De modo que si alguno está en Cristo, nueva criatura es;
las cosas viejas pasaron; he aquí todas son hechas nuevas.

En esta Escritura vemos que no basta con creer, hay que
ESTAR EN CRISTO. ¿Cuáles son las condiciones para estar
en Cristo? Hay que nacer de nuevo, despojarse de todas las
cosas del viejo hombre y permitir que todas las cosas sean
hechas nuevas viviendo al modo de Cristo. Haciendo las
cosas como Cristo las haría y viviendo para El.

Jesús le dijo a los discípulos: "Vosotros estáis en el mundo,
pero no sóis del mundo". Y Pablo dijo:

Mas nuestra ciudadanía está en los cielos, de donde tam-
bién esperamos al Salvador, al Señor Jesucristo; el cual
transformará el cuerpo de la humillación nuestra, para
que sea semejante al cuerpo de la gloria suya, por el poder
con el cual puede también sujetar a sí mismo todas las
cosas.

Filipenses 3:20-21

Ese es el evento profético inminente: el Rapto. Todo está
cumplido, LA TROMPETA ESTA A PUNTO DE SONAR,
Cristo viene y viene ya. El que se quiera ir tiene que apartarse
de toda mundanalidad. Santiago le dijo a la iglesia en el
capítulo cuatro, verso cuatro:

¡Oh almas adúlteras! ¿No sabéis que la amistad del mun-
do es enemistad contra Dios?

Le está diciendo a la iglesia que la amistad con el mundo
es adulterio. ¿Por qué? El apóstol Pablo dijo que nosotros
como creyentes, estamos desposados a un solo esposo:
Cristo. Un solo esposo es lo legítimo, hablando en lo
natural y en lo espiritual. Al aceptar a Cristo quedamos
desposados a El, somos Novia del Cordero. Por lo tanto, no
podemos desposarnos con el mundo porque la Palabra dice,

que el príncipe de este mundo es el diablo. Estaríamos desposados a dos esposos si estando en la iglesia también estamos disfrutando de la lucha libre, el béisbol, el baloncesto, el boxeo, novelas, películas mundanas, rock y otra música del mundo, y de cuanta basura ha tirado el diablo a la tierra. Nuestro tiempo pertenece al Señor. Tiempo que debemos invertir en la oración, lectura de la Palabra y visitación a necesitados. Tiempo que debemos invertirlo como lo invertiría Jesús. "Redimid el tiempo", dice la Palabra. Y añade: "No durmáis como los demás". Porque los días son muy malos, peligrosos y trágicos.

Todo lo del mundo pasa, mas lo de Cristo permanecerá para siempre. Y lo que es muy importante, hay un vuelo que no se nos puede ir. A los que se les vaya este vuelo tendrán que llorar y gritar como jamás lo han hecho en su vida, sabiendo que se les cerró la puerta y les espera el anticristo y la Gran Tribulación. Van a tener que mantener el testimonio de Cristo en esos días para poder escapar. Habrá persecución como nunca antes y miles tendrán que dar sus vidas.

En Apocalipsis 6:9-10, vemos debajo del altar en el cielo, a las almas que dieron sus vidas por causa de la Palabra, pidiendo venganza por su sangre. Estos son los que morirán por causa de su fe durante la Gran Tribulación. Pero ahora no, ahora es obedecer la Palabra, vivir por ella, dar testimonio a las gentes, ganar los perdidos para Cristo y apartarse del mundo. Es necesario meterse esto en el corazón. Estamos aquí en este mundo, pero no somos de aquí. Los pecadores que no quieran venir a Cristo, que se gocen con su mundo y su diablo, pero nosotros nos gozamos con nuestro Señor Jesucristo que es de arriba. Hablando espiritualmente, no podemos compartir amores con nadie más. Es nuestro único novio espiritual por excelencia. Y nuestro gozo es espiritual porque somos de arriba.

Los que están en adulterio, natural o espiritual, están en pecado. Hay personas que aun predican estando en adulterio. Ministran la Palabra, se salvan las almas y se sanan los

36

enfermos, pero están más perdidos que Judas. Judas ministró, echó fuera demonios, sanó enfermos, se salvaron las gentes, sin embargo, se lo llevó el diablo por el pecado de robar. Pecado engendra pecado, dice la Palabra. A Judas, el pecado de robar lo llevó a mentir, a traicionar y a suicidarse. Así es la obra del diablo.

Tenemos que vivir alertas a los movimientos del Señor, pues pronto el más grande movimiento va a ocurrir y seremos trasladados más allá de las estrellas. Si perdemos esa oportunidad, tendríamos que llorar lágrimas de amargura, sabiendo que nos espera el anticristo y la Gran Tribulación. Multitudes van a tener que convertirse en verdaderos testigos en medio de una persecución como nunca antes y tendrán que morir por Cristo. Pero ahora no, ahora calificamos con sólo ser testigos; esto es obedecer la Palabra, vivir por ella, testificar de ella, ganar almas para Cristo. Estamos aquí, pero no somos de aquí. Los impíos, que se gocen con su mundo, pero nosotros los de Cristo nos gozamos con lo que es del tercer cielo. El apóstol Juan dijo:

No améis al mundo, ni las cosas que están en el mundo. Si alguno ama al mundo, el amor del Padre no está en él. Porque todo lo que hay en el mundo, los deseos de la carne, los deseos de los ojos, y la vanagloria de la vida, no proviene del Padre, sino del mundo. Y el mundo pasa, y sus deseos; pero el que hace la voluntad de Dios permanece para siempre.

1 Juan 2:15-17

Tenemos que sacar la mundanalidad del corazón. El pueblo de Dios tiene que santificarse por dentro y por fuera. Que por dentro su paz, su gozo, su paciencia, su amor y todos los demás frutos del Espíritu, nos adornen. Pero por fuera, también tenemos que santificarnos, de modo que los demás vean que somos diferentes.

El hombre tiene que escoger entre lo pasajero y lo eterno. ¿Qué ha escogido usted? ¿Lo temporal y pasajero que lo conduce al infierno, o lo eterno que lo conduce al cielo? Es lamentable que aun dentro de las iglesias hay miembros que viven con un pie dentro y otro fuera, corriendo el riesgo de perderse para siempre.

No le suceda como a la mujer de Lot, que por anhelar lo que quedó atrás en Sodoma, volvió su vista y se convirtió en estatua de sal. Ya estaba a punto de salvarse, pues estaban llegando a Zoar, la ciudad de refugio, y en el último momento perdió la vida. A punto de escapar de los juicios de Sodoma, perdió la promesa de ser librada.

No miremos para atrás. Miremos para arriba. Erguíos y levantad vuestras cabezas que nuestra redención está cerca. Estamos a punto de ver lo más grande y glorioso que el Señor tiene reservado para Su pueblo, la gloria que está a punto de manifestarse en los hijos de Dios, pues dice Su Palabra en 1 Corintios 2:9:

Cosas que ojo no vio, ni oído oyó, Ni han subido en corazón de hombre, Son las que Dios ha preparado para los que le aman.

Capítulo 5

AMOR
A LOS HERMANOS

En Juan 13:34 dice:

Un mandamiento nuevo os doy: Que os améis unos a otros;
como yo os he amado, que también os améis unos a otros.

¿Cómo nos amó El? Vino de arriba, siendo rico se hizo pobre, siendo el Rey del cielo y la tierra se humilló hasta lo sumo, hasta dejarse matar por los hombres para redimirnos. El compartió todo lo que tenía con nosotros. Ese es el amor que El demanda: que compartamos nuestras vidas con los hermanos. En eso conocerán todos que somos Sus discípulos. El amor que manifestemos será una de las grandes pruebas que va a demostrar que realmente somos creyentes.

La Palabra dice que el que no ama a su hermano es un homicida. Hay miles de cristianos con actitudes homicidas porque no le dirigen la palabra, y ni tan siquiera miran a muchos de sus hermanos. Esta actitud respira muerte. La Palabra le dice a éstos que es necesario que antes de venir al altar de la oración, vayan y se reconcilien con su hermano. Esto implica que la oración no es recibida en el cielo cuando estamos en contiendas, rencores, y enojos que producen raíces de amargura. Este es un asunto muy serio delante de

Dios, sin embargo hay hasta pastores, evangelistas y otros líderes con ministerios que viven en contienda con sus hermanos. Esto es tener en poco una salvación tan grande como la que nos ha dado el Señor. Que nuestro amor no sea de palabras, sino de hechos; y entonces tendremos comunión con los hermanos y como dice la Palabra seremos uno, porque habrá genuina unidad del Espíritu.

En la Escritura no hay nada que sea más grande que el amor. Ni la esperanza, ni la fe, ni los dones; nada, porque todo pasará; empero el amor permanecerá para siempre. De nada vale que hayan pequeñas o grandes manifestaciones de poder de Dios en su vida si no ama al hermano. Por eso muchos le dirán al Señor en aquel día: "Señor, pero mira cuantas cosas hicimos en tu nombre, echamos fuera demonios, hicimos milagros y profetizamos", y el Señor les contestará: "Apartaos de mí, obradores de maldad". ¿En qué habrán fallado? En el amor a los hermanos. Dice la Palabra que despreciar al hermano es homicidio.

1. MANTENER LA LLENURA DEL ESPÍRITU

Después que uno ha logrado la llenura del Espíritu, es necesario mantenerse lleno. En cuanto empezamos a descuidarnos, el Espíritu se contrista y empezamos a sentirnos medios raros y diferentes. Nos sentimos como que la oración no llega y sin comunión para orar y leer la Palabra. Cuando estamos llenos del Espíritu le testificamos a otros con libertad, sin temor alguno y sin importar quien sea, porque sabemos que tienen un alma que salvar. Hablar de nuestro Señor Jesucristo no es obra sólo del evangelista, pastor o misionero; es labor de todos los que le hemos conocido. Y para ser testigo eficaz hay que mantener esa llenura. Cada cual es responsable de mantenerse lleno, así como es responsable de mantener la sanidad cuando Dios le sana. Así también es con la salvación, si nos descuidamos el diablo nos roba todo lo que hemos alcanzado. En eso se especializa el diablo. El planifica contra todos incluyendo los pastores, evangelistas y misioneros. No hay nadie exento. Pero si nos mantenemos firmes en Cristo, cuidando nuestra llenura del Espíritu, el diablo jamás podrá hacernos caer. Los descuidos son fatales.

Cuando uno ve que está llegando cualquier pequeña debilidad debe inmediatamente entrar en ayuno. Apartarse con el Señor, para no dar oportunidad a que el diablo gane terreno. En Efesios 5:18, Pablo dice:

> *No os embriaguéis con vino, en lo cual hay disolución; antes bien sed llenos del Espíritu.*

Cuando una persona se embriaga con alcohol, no tiene dominio de sí misma. Así es la embriaguez del Espíritu, ya no domina el diablo, la carne ni el mundo; sino que es el Espíritu quien tiene dominio sobre nosotros. Nuestro reto es mantenernos llenos, sintiendo que la bendición de Dios corre por nuestro ser diariamente. Es poder decir como Pablo: "No vivo yo, mas Cristo vive en mí". En esta forma le estamos permitiendo a Dios que El tome parte principal en todas nuestras actividades diarias.

El reto mayor para ser considerados dignos de irnos en el Rapto es estar llenos del Espíritu. La falla de las cinco vírgenes que se quedaron, fue precisamente, que no supieron mantener esa llenura. Ellas estaban en pie con sus lámparas en la mano esperando al Señor. Sintieron el momento del Rapto, y sin embargo se quedaron porque no tenían aceite suficiente en sus lámparas. No estaban embriagadas en el Espíritu. Cuando no hay esta llenura, empiezan a dominar nuestros anhelos y convicciones personales. La vieja criatura empieza a tratar de dominar. Por lo tanto nuestro clamor constante debe ser pidiendo al Señor que nos ayude a mantener nuestras lámparas llenas de aceite.

2. GENTE DE FE

En Hebreos 11:5, la Biblia dice:

"Por la fe Enoc fue traspuesto para no ver muerte, y no fue hallado, porque lo traspuso Dios; y antes que fuese traspuesto, tuvo testimonio de haber agradado a Dios.

Enoc es el tipo de Rapto más perfecto en la Biblia. Dios se lo llevó antes que cayera el juicio del diluvio, y no vio muerte. Así será en el Rapto que está a las puertas. Sonará la trompeta, los creyentes volaremos al cielo, y jamás conoceremos la muerte. Por FE Enoc vivió esta gloriosa bendición. En Hebreos 11:6 dice:

Pero sin fe es imposible agradar a Dios.

Para el Rapto es decisivo tener la fe que cree con firmeza a la Palabra de Dios. Los cristianos llenos de dudas, de temores y de incredulidad, no se irán en el Rapto.

El que tiene fe, cree con toda seguridad, que Dios no fallará en cumplir todas sus buenas promesas, y cree que lo que Dios dijo no fallará en ocurrir, aunque aun no lo haya visto. Creemos a lo que Dios prometió sin haberlo visto, pues sabemos que El es fiel y verdadero y no puede mentir.

Enoc andaba con Dios y desapareció, porque Dios se lo llevó con El, (Génesis 5:24). Para irse en el Rapto hay que andar con Dios, viviendo en un primer amor con Cristo. Si andamos con Dios, internalizaremos todo lo de Dios y por lo tanto, seremos semejantes a El. Su FE será nuestra, para que seamos más que vencedores, y en ese día glorioso, volemos con Jesús hacia el Reino Celestial. ¡Aleluya!

3. GENTE ESFORZADA Y VALIENTE

En Mateo 7:13-14, la Biblia dice:

Entrad por la puerta estrecha; porque ancha es la puerta, y espacioso el camino que lleva a la perdición, y muchos son los que entran por ella; porque estrecha es la puerta, y angosto el camino que lleva a la vida, y pocos son los que la hallan.

El camino de la salvación es un camino angosto. Es camino de luchas y de pruebas. Es guerra contra Satanás y negación propia. Hay que negarse a sí mismo; negarse al yo, para vivir la obediencia de Cristo. Es un camino de valientes. Un grupo de valientes que pelean la buena batalla de la fe y se esfuerzan hasta lo sumo para agradar a Dios. Esos son los que se irán en el Rapto.

La Biblia nos dice en Josué 1:7-9, que cuando Dios llamó a este varón, le dijo:

> Solamente esfuérzate y sé muy valiente, para cuidar de hacer conforme a toda la ley que mi siervo Moisés te mandó; no te apartes de ella ni a diestra ni a siniestra, para que seas prosperado en todas las cosas que emprendas. Nunca se apartará de tu boca este libro de la ley, sino que de día y de noche meditarás en él, para que guardes y hagas conforme a todo lo que en él está escrito; porque entonces harás prosperar tu camino, y todo te saldrá bien. Mira que te mando que te esfuerces y seas valiente; no temas ni desmayes, porque Jehová tu Dios estará contigo en dondequiera que vayas.

La encomienda de Josué era entrar con el pueblo a la TIERRA PROMETIDA. Esa es la encomienda a nosotros, que estemos preparados para irnos bien pronto para la tierra prometida. El Señor le dio a Josué la fórmula decisiva que lo conduciría a la victoria. Tenía que esforzarse y ser muy valiente a la vez que meditar en la Palabra de día y de noche para ponerla por obra. Esta es clave gloriosa para estar como vírgenes prudentes preparados para el sonido de la trompeta.

Vale la pena dar la batalla, pues es Reino de los Cielos o Gran Tribulación. Es Cristo o el anticristo. Pelea con todo esta ULTIMA GRAN BATALLA DE FE, pues la VICTORIA será nuestra en CRISTO JESUS. ¡Aleluya!

Capítulo 6

LLAMADO PARA LOS FIELES DEL SEÑOR

Dice la Palabra que los que velan y oran en todo tiempo, escaparán y estarán en pie delante del Hijo del Hombre. Memorice estos versículos, repítalos y medite en ellos diariamente de modo que se graben profundamente en su espíritu. Para orar en todo tiempo no hay que estar de rodillas todo el día. Pero es necesario tener al Señor en la mente continuamente. Mientras nos movemos y trabajamos le confesamos nuestro amor al Señor, le pedimos por las almas que se pierden y por los necesitados. Pablo dijo que nosotros tenemos la mente de Cristo. Esto implica que no podemos desligarnos de El en ningún momento. Que todo lo que hagamos, lo hagamos como para El y para Su gloria. Esto nos edifica y nos mantiene apercibidos para el gran día que a pasos agigantados se acerca.

LOS QUE SE IRAN SERAN POCOS

Los que logren llegar a esta meta serán más que vencedores. No nos demos por vencidos. El Señor ha prometido y El compensará nuestro esfuerzo. Confesemos fe. Hablemos de forma positiva y digámosle al Señor: "Señor, yo me voy contigo. Corrígeme lo que haya que corregir, quita lo que haya que quitar, añade lo que haya que añadir, desaparéceme a mí y establécete tú en mi espíritu". No nos descuidemos, estemos velando y alertas a este movimiento del Espíritu de Dios, que está a punto de ocurrir. Manténgase humilde delante del Señor. Reconozca lo que usted sabe que está mal en su vida, arrepiéntase y dígale al Señor que quite lo que está mal, o se lo lleve a usted ahora mismo para el cielo. Dios quita lo que está mal, pues El nos ha enviado el Espíritu Santo que es nuestro ayudador. Es el que hace la obra a través de nosotros. El apóstol Pablo nos habla claro en la Escritura del amor de Dios el Padre, la gracia de Jesucristo el Hijo y la consolación y comunión del Espíritu Santo. Mantenga la comunión con el Espíritu Santo, alábelo y confiésele su agradecimiento por ser su ayudador y consolador. Háblele como a un perfecto amigo y compañero inseparable. El Espíritu Santo no es una fuerza, ni alguna forma de energía como algunos enseñan. El es una Persona. Es la Persona de Dios aquí en la tierra. Adórelo, alábelo y viva en comunión con El. Así habrá más unción y bendición de Dios en su vida.

Cuando yo llevaba poco tiempo de convertido, el Señor me llamó a ayunar. Me aparté y cuando llevaba como siete días de ayuno encerrado en una habitación, el Señor me dio una visión sobre el Rapto. Yo me vi predicándole a un grupo. Recuerdo que era un culto al aire libre. De momento el Espíritu Santo comenzó a hablar por mi boca. Decía: "¿Con qué compararemos el Rapto de la Iglesia? Es semejante a un agricultor que tiene una finca y está a punto de recoger la cosecha, pero encuentra que algunos frutos han madurado primero, y dice: He de recogerlos porque podrían caerse y perderse". Y el Espíritu Santo continuó hablando: "¿Con qué compararé los que se quedan? Son semejantes a náufragos que han quedado en una isla desierta y esperan una nave que venga a recogerlos". Los que se van en el Rapto son frutos maduros que serán recogidos porque si los deja aquí se le pueden perder en la Tribulación. Los que se queden serán como los que sufren un naufragio que esperan que el rescate llegue a tiempo.

La Iglesia del Señor no se va a quedar para la Gran Tribulación. Pero sí se van a quedar los evangélicos que están más en el mundo que en Cristo, que están vacíos del Espíritu Santo, son desobedientes, indiferentes y están viviendo a su antojo, sin buscar la llenura y dirección de El. Muchos se salvarán en esos días temibles, pero tendrán que enfrentar la muerte en martirio por causa de Jesús. Según Apocalipsis 6:9, serán degollados en el martirio, pero salvarán sus almas.

El Señor dijo en Mateo 24:22:

> *Y si aquellos días no fuesen acortados, nadie sería salvo; mas por causa de los escogidos, aquellos días serán acortados.*

Esto implica que para los días de la Gran Tribulación habrá gente aquí que son escogidos, pero no se fueron en el Rapto. De modo que aun los escogidos no están asegurados para el Rapto. Por eso lo importante no es saber si soy o no soy un escogido, lo importante es saber que somos salvos, que estamos llenos del Espíritu Santo y que vamos a permanecer así por la gracia de Dios. Escogidos son los que desde la fundación del mundo Dios los apartó para salvación, pero esto no les exime de sufrimientos, ni de tentaciones y pecado, ni de la Gran Tribulación. Pues para irse en el Rapto tiene que estar dando frutos dignos de arrepentimiento, viviendo la vida que demanda la Biblia, o sea guardando la Palabra de Su paciencia.

Muchos escogidos, que no se van a perder jamás, pero que tienen que venir a Cristo arrepentidos, se quedarán cuando suene la trompeta porque están descuidados, pues el libre albedrío tuyo Dios lo respeta. Los días de la Tribulación serán tan terribles que dice la Palabra que aun los escogidos podrían perderse, mas a causa de ellos Dios acortará esos días. Muchos se basan en esto para decir que la iglesia pasa por la Gran Tribulación, pero la Biblia dice que el que guardare la Palabra de Su paciencia, El los librará de la hora de prueba que ha de venir sobre la tierra (Apocalipsis 3:10). Los que estén velando y orando, escaparán y estarán en pie delante del Hijo del Hombre. Los que permanezcamos fieles en todo el sentido de la palabra, nos arrebatará, y mientras caen los juicios de la Tribulación en la tierra, nosotros estaremos de boda arriba en el cielo. Somos Su Novia. El no nos va a dejar aquí, poniendo en peligro lo que es Su propiedad privada.

La Biblia explica en Daniel 9, versos 24 en adelante que los últimos siete años de esta dispensación serán dedicados al pueblo de Israel. Años de atención especial a este pueblo. Durante esos siete años aparece el anticristo y a la mitad de ellos estalla la gran Tribulación en la tierra. Si estos últimos años serán dedicados a Israel, entonces la Novia del Cordero ya no estará aquí, la habrá asegurado en un lugar especial para que no se le pierda. ¿Dejará El abandonado algo que ama con un amor tan especial? El Espíritu Santo trabaja ahora con los creyentes de Jesucristo, pero en los últimos siete años su atención estará centralizada sobre Israel. Cuando empiecen estos años la Novia del Cordero estará caminando por las calles de oro de la ciudad celestial, frente al trono, tocando y cantando un cántico nuevo a nuestro Señor Jesucristo. Al final de esos siete años, cuando la tierra esté envuelta en una guerra mundial, descenderemos con Jesús a establecer el reino de Dios.

En Apocalipsis 12, dice que habrá una gran batalla en la cual Miguel y sus ángeles echarán por tierra a Satanás y sus ángeles. Entonces se oye una voz en el cielo que dice:

Por lo cual alegraos, cielos, y los que moráis en ellos.

Hay una gran fiesta arriba en el cielo porque antes de lanzar por tierra al diablo y sus ángeles, la iglesia subió triunfante hacia el cielo. Y luego añade esa voz:

¡Ay de los moradores de la tierra y del mar! porque el diablo ha descendido a vosotros con gran ira, sabiendo que tiene poco tiempo.

Vemos un grupo gozando en el cielo y otro sufriendo en la tierra. Se celebrará una boda en el cielo: las Bodas del Cordero. Su Novia es la iglesia fiel que guarda la Palabra de Su paciencia. Ella será trasladada al cielo donde será desposada con Su amado. Habrá fiesta especial en el cielo, mientras sobre la tierra estarán cayendo los juicios de la Gran Tribulación.

REFLEXION

Concluimos diciendo:

EL LLAMADO A LOS FIELES DEL SEÑOR ES A SER PARTICIPES DE LAS BODAS DEL CORDERO Y A ESCAPAR DE LA GRANDE TRIBULACION. ¡ALELUYA!

Tú tienes un llamado a ser partícipe de este maravilloso evento de la traslación de la iglesia. Todo es posible para el que cree. Pablo dice en Filipenses 4:13, que todo lo podemos en Cristo que nos fortalece. Si aún no tienes a Cristo como el Señor y Salvador de tu alma, acéptalo en estos momentos y comienza a vivir para El siguiendo los siguientes pasos:

1. Reconoce que eres pecador.

2. Confiesa tus pecados a Cristo.

3. Pídele perdón.

4. Saca tiempo para orar.

5. Saca tiempo para leer la Palabra.

6. Haz al Señor número uno en tu vida.

7. Asiste a una iglesia evangélica que predique la sana doctrina.

8. Consérvate fiel a El.

Pronto la trompeta sonará. Pero sólo la Novia del Cordero la oirá y será levantada en el Rapto de la Iglesia. Grande Tribulación vendrá sobre los que se queden. Velemos en todo tiempo para ser dignos de escapar de los juicios que caerán y para alcanzar el grande galardón que habrá para los que seamos MAS QUE VENCEDORES.